Starke Sache

Wo hat der kleine heiße Schwarze nicht schon überall mitgemischt? Er ist ja auch so beliebt, dass man ihn immer wieder gerne mit dabei hat. Wir brauchen ihn, damit er die Milch, die Kugel Eis und auch Keks und Kuchen für uns aufpeppt, uns den Sommerabend versüßt und den Winter verkürzt. Nur für Puristen ist er solo am besten. Alle anderen freuen sich auf neue Rezepte mit Espresso, ob heiß oder kalt, zum Löffeln oder Gabeln.

NÜTZLICHES ESPRESSO-WISSEN

	SEITE
ESPRESSO RICHTIG UNTER DRUCK SETZEN	04
NOCH FRAGEN?	06
IMPRESSUM	46
ÜBER DEN TELLERRAND	48
TOTAL SEITENZAHL	49

AUF DEM TITELBILD SEHEN SIE DAS REZEPT SOLCCINO VON SEITE 11.

ESPRESSO FRISCH EINGETROFFEN

	SEITE
ESPRESSO CRUSH	09
SOLCCINO	11
CAFÉ ESPAÑA	13
SCHARFER CHOCOCCINO	15
LATTE MACCHIATO MIT TEE-VANILLE-SIRUP	16
GINGER-COCOS-CAFFÈ	18
MANGO-LASSI CON CAFFÈ	20
TOTAL REZEPTE	7

EXTRAVAGANTER KAFFEEGENUSS BLITZSCHNELL ZUBEREITET

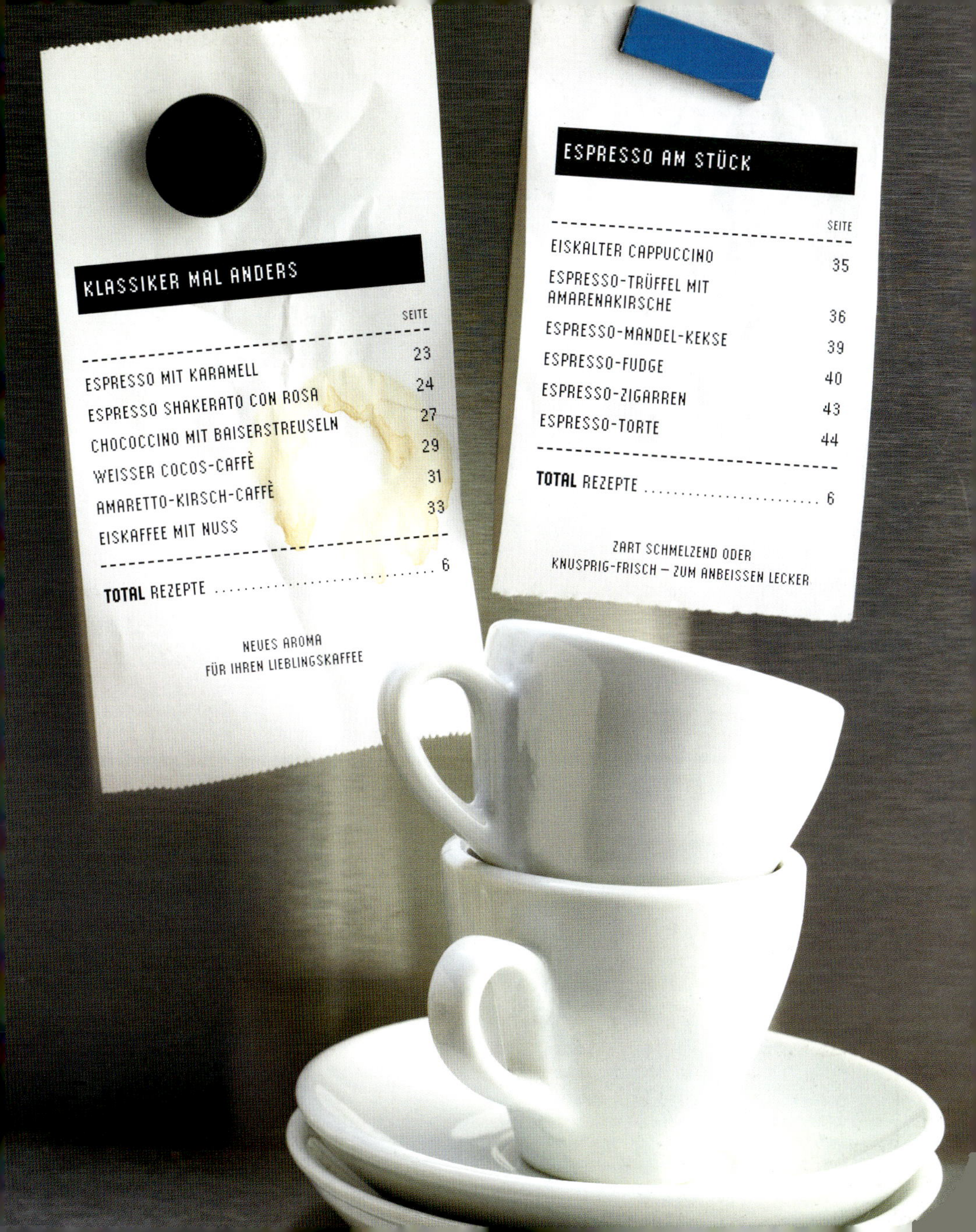

KLASSIKER MAL ANDERS

	SEITE
ESPRESSO MIT KARAMELL	23
ESPRESSO SHAKERATO CON ROSA	24
CHOCOCCINO MIT BAISERSTREUSELN	27
WEISSER COCOS-CAFFÈ	29
AMARETTO-KIRSCH-CAFFÈ	31
EISKAFFEE MIT NUSS	33

TOTAL REZEPTE 6

NEUES AROMA
FÜR IHREN LIEBLINGSKAFFEE

ESPRESSO AM STÜCK

	SEITE
EISKALTER CAPPUCCINO	35
ESPRESSO-TRÜFFEL MIT AMARENAKIRSCHE	36
ESPRESSO-MANDEL-KEKSE	39
ESPRESSO-FUDGE	40
ESPRESSO-ZIGARREN	43
ESPRESSO-TORTE	44

TOTAL REZEPTE 6

ZART SCHMELZEND ODER
KNUSPRIG-FRISCH – ZUM ANBEISSEN LECKER

ESPRESSO RICHTIG UNTER DRUCK SETZEN

In Italien ist der *Barista* – der Meister der Espressozubereitung – ein eigener Lehrberuf. Für alle, die erst später mit der »Lehre« beginnen, hier einige Tipps.

1 DIE CAFFETTIERA (Espressokanne) ist die preiswerteste Möglichkeit, sich einen guten Espresso zuzubereiten. Der Klassiker unter den Espressokannen, die »Moka Express«, ist aus Aluminium gefertigt. Das Leichtmetall leitet die Hitze sehr gut, hat aber den Nachteil, dass der Espresso verbrennen kann. Außerdem bilden sich mit der Zeit unschöne Ausflockungen im unteren Teil der Kanne. Diese Nachteile haben Modelle aus Edelstahl nicht, kosten dafür aber ein bisschen mehr. Bei beiden sollten Griff und Deckel nicht heiß werden. Außerdem sollte sich der Deckel leicht öffnen lassen und die Standfestigkeit auf Herdplatte oder Gaskochstelle gewährleistet sein.

2 ZUBEREITUNG IN DER KANNE Schrauben Sie dafür den unteren Teil ab und füllen ihn maximal bis zur Sicherheitslinie oder knapp unter das Sicherheitsventil mit Wasser. Den Filterteil einsetzen und pro Tasse einen Mess- oder Kaffeelöffel voll Kaffeepulver locker einfüllen und glatt streichen. Das Pulver nicht andrücken! Wenn dies nämlich nicht gleichmäßig geschieht, sucht sich der Wasserdampf den Weg des geringsten Widerstands und durchströmt nicht das gesamte Kaffeepulver. Den Filterrand vom Kaffeepulver reinigen und den oberen Teil der Kanne aufschrauben. Die Kanne nun bei mittlerer Hitze auf den Herd stellen und erhitzen. Wenn das Wasser zu kochen anfängt, wird es mit maximal 1,5 Bar durch das Kaffeepulver gedrückt und steigt als Kaffee in den oberen Teil. Am Ende ist ein Fauchen zu hören, dann die Kanne sofort vom Herd nehmen. Den Kaffee vor dem Genuss einmal umrühren.

3 AUS DER MASCHINE Perfekter Caffè aus der Espressomaschine hängt von einigen Faktoren ab, die ein echter Barista aus dem Ärmel schüttelt: Pro Tasse werden 6–7 g (entspricht 50–55 Bohnen) fein gemahlenes Kaffeepulver verwendet. Das Wasser hat 92–94°, und idealerweise haben auch alle Teile der Maschine, die der Espresso berührt, diese Temperatur. Stellen Sie die Maschine deshalb frühzeitig an! Pro Tasse werden 20–30 ml Wasser in 20–30 Sek. mit 9 Bar Druck durch das Pulver gedrückt. Entsteht wenig *Crema* (der feinporige Schaum an der Oberfläche), die sich überdies schnell auflöst, war entweder die Kaffeemenge zu klein oder der Kaffee zu grob gemahlen. Seltener liegt es am Druck oder der Temperatur. Diese Faktoren sind bei den meisten Espressomaschinen leider ohnehin nicht zu beeinflussen. Probieren Sie also am besten verschiedene Espressosorten aus, um die perfekte Mischung für Ihre Maschine zu finden.

BIALETTI

NOCH FRAGEN? JA!

MUSS ICH DIE ESPRESSOTASSEN EIGENTLICH UNBEDINGT VORWÄRMEN?

ARABICA ODER ROBUSTA?
BOHNE ODER PULVER?

WARUM ENTSTEHT BEI DER ESPRESSOKANNE KEINE CREMA?

ENTHÄLT ESPRESSO WIRKLICH WENIGER KOFFEIN ALS FILTERKAFFEE?

KANN ICH ESPRESSO WARM HALTEN?

WELCHE MILCH LÄSST SICH AM BESTEN SCHÄUMEN?

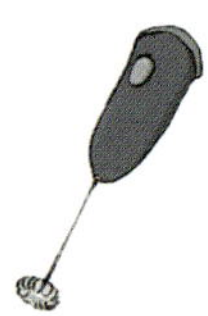

Die geringe Flüssigkeitsmenge eines Espresso reicht nicht aus, um eine Tasse zu erwärmen. Der Espresso wird sehr schnell kalt. Also entweder die Tassen auf einer Maschine erwärmen oder mit heißem Wasser füllen und kurz vor dem Eingießen des Espresso abtrocknen.

Die edlere Bohne ist die Sorte Arabica. Da sie empfindlicher ist, sind die Erträge im Anbau geringer und deshalb ist sie auch teurer. Die Sorte Robusta ist für hochwertigen Kaffeegenuss nicht geeignet, ihr Koffeingehalt kann aber das Doppelte der Arabica-Bohne erreichen.
Im Idealfall wird Espresso immer frisch gemahlen und gleich aufgebrüht. Vorgemahlenes Pulver ist praktisch und die Geschmackseinbußen sind gering, wenn es luftdicht und kühl (aber nicht im Kühlschrank!) aufbewahrt und zügig verbraucht wird. Bei eher seltenem Espressogenuss lieber ganze Bohnen nehmen, sie bewahren das Aroma besser. Espresso-Pads sind luftdicht verpackt und bleiben ebenfalls lange frisch. Über das Müllaufkommen durch die Einzelverpackung kann man allerdings geteilter Meinung sein.

Der Druck ist bei einer klassischen Espressokanne zu gering, so entsteht keine oder nur sehr flüchtige Crema. Trotzdem Lust aufs luftig-cremige Häubchen? Dann nehmen Sie die ersten Tropfen Espresso, die in die Kanne strömen, schlagen sie mit etwas Zucker schaumig auf und setzen diese »Crema« auf den fertigen Espresso. Neuerdings gibt es auch Kannen, die ein Hochdruckventil am Ende des Steigrohrs besitzen. Dieses hält das Wasser zurück, bis 6 Bar Druck erreicht sind – genug, um für gute Crema zu sorgen. Eine dicke Crema ist übrigens nicht unbedingt ein Zeichen für guten Espresso. Die Kaffeesorte Robusta enthält nämlich wesentlich mehr Öle als ihre edlere Schwester Arabica und erzeugt somit auch dickere Crema.

Ja, tatsächlich. Da die Kontaktzeit des heißen Wassers wesentlich kürzer ist, werden nur 50 % des Koffeins eines Filterkaffees aus dem Kaffeepulver gelöst.

Espresso ist frisch am besten! Warm gehalten verliert er die ideale Trinktemperatur und auch seinen typischen Geschmack, er verbrennt leicht und schmeckt dann bitter. Also am besten immer nur so viel Espresso kochen, wie Sie gerade brauchen.

Jede Milch lässt sich mit einem guten Milchaufschäumer oder einer Milchdüse aufschäumen. Weder Fettgehalt noch Temperatur sind entscheidend! Bei der Milchdüse an der Espressomaschine ist heißer, möglichst trockener Dampf ein Garant für schönen festen Milchschaum.

ESPRESSO FRISCH EINGETROFFEN

shake shake shake

ESPRESSO CRUSH

Für den Espresso: 400 ml Espresso (entspricht 12–14 Tassen Espresso) ++ 300 g Sahne ++ 12 TL Zucker ++ 12 cl Orangenlikör

Außerdem: Eiswürfelform oder 1 Eiswürfelbeutel ++ Icecrusher ++ Shaker ++ 4 Gläser (ca. 150 ml Inhalt) ++ 4 Strohhalme ++ 4 Orangenscheiben oder -schnitze zum Garnieren

Für 4 Gläser | Zubereitung **20 Min.** | Gefrierzeit **mind. 4 Std.**
Pro Glas ca. **340 kcal, 2 g EW, 24 g Fett, 27 g KH**

1 Den Espresso vollständig abkühlen lassen. In die Eiswürfelform oder den Eiswürfelbeutel füllen und ins Gefrierfach stellen. Das dauert jetzt einige Stunden, deshalb den Espresso am besten schon am Vortag zubereiten und einfrieren.

2 Für jedes Glas ein Viertel der Espresso-Eiswürfel crushen und in den Shaker geben. 75 g Sahne, 3 TL Zucker und 3 cl Orangenlikör zugeben, den Shaker fest verschließen und mit beiden Händen 15 Sek. kräftig schütteln. Den Espresso Crush in das Glas geben und einen Strohhalm hineinstecken. Die übrigen Espresso Crush auf die gleiche Weise zubereiten. Die Orangenscheiben oder -schnitze einschneiden und auf den Glasrand stecken.

Sonne im Glas

SOLCCINO

2 doppelte Espressi
8 cl Eierlikör
300 ml Milch

Außerdem:
2 schlanke hohe Gläser (ca. 200 ml Inhalt)

Für 2 Gläser | Zubereitung **10 Min.** | Pro Glas ca. **205 kcal, 5 g EW, 7 g F, 7 g KH**

1 Die doppelten Espressi zubereiten. Inzwischen jeweils 4 cl Eierlikör in jedes Glas gießen. Die Milch erhitzen und kräftig aufschäumen. Über die Rückseite eines Teelöffels jeweils die Hälfte der Milch vorsichtig in das Glas gießen und somit über den Eierlikör schichten.

2 Jeweils einen doppelten Espresso über die Rückseite eines Teelöffels vorsichtig – wie bei einer Latte macchiato – auf die Milch schichten und sofort servieren. Vor dem Genießen einmal kräftig umrühren.

MEIN DEKO-TIPP

Mit einem Teelöffel noch einige dekorative Eierlikörstreifen auf den Milchschaum träufeln. Dazu muss der Milchschaum schön fest sein. Oder ein bisschen Kakaopulver auf den Milchschaum stäuben. Wenn er wirklich fest ist, lassen sich auch einige Schokoladenraspel einrühren.

unter die Haube gebracht

CAFÉ ESPAÑA

2 Espressi
50 ml Milch
2 EL Milchmädchen
(Kondensmilch mit Zucker)
2 cl Likör 43 (spanischer Kräuterlikör)
2 Schalestücke einer Bio-Zitrone
(ca. 50-Cent-Stück-groß)

Außerdem:
2 Espressotassen

Für 2 Tassen | Zubereitung **10 Min.**
Pro Tasse ca. **75 kcal, 2 g EW, 1 g F, 13 g KH**

1 Die Espressi zubereiten, die Espressotassen vorwärmen. Inzwischen die Milch kurz erhitzen und kräftig aufschäumen. Jetzt müssten auch die Espressi fertig sein.

2 In jede Espressotasse 1 EL Milchmädchen geben und dann den Espresso hinzufügen. Jeweils 1 cl Likör und 1 Stück Zitronenschale dazugeben. Auf jeden Café 1 EL Milchschaum geben und dann einfach genießen.

MEIN TAUSCH-TIPP

Der Café schmeckt auch mit anderem Likör: Probieren Sie ihn mal mit **Orangenlikör,** mit **Creme de Cacao** oder mit **Galliano,** einem italienischen Kräuterlikör – die Zitronenschale dann weglassen.

Some like it hot

SCHARFER CHOCOCCINO

300 ml Milch
20 g Zartbitterschokolade (mind. 70 % Kakaoanteil)
100 g Sahne
Chilipulver
2 Prisen Zucker
2 Espressi

Außerdem:
Milchaufschäumer
2 Cappuccinotassen

Für 2 Tassen | Zubereitung **10 Min.** | Pro Tasse ca. **305 kcal, 7 g EW, 25 g F, 13 g KH**

1 Die Milch mit der Schokolade auf mittlerer Hitze erwärmen und die Schokolade unter gelegentlichem Rühren auflösen. Inzwischen die Sahne mit 1 winzigen Prise Chilipulver und dem Zucker aufschlagen. Das geht prima mit dem Milchaufschäumer, so wird die Sahne nicht ganz fest, sondern bleibt etwas cremiger.

2 Die Espressi zubereiten, die Cappuccinotassen vorwärmen. Wenn die Schokolade geschmolzen ist, die Schokomilch kurz mit dem Milchaufschäumer durchmixen. Jetzt müssten auch die Espressi fertig sein. Die Espressi und die Schokomilch auf die Cappuccinotassen verteilen und auf beide eine Sahnehaube setzen. Den Chococcino genüsslich durch die Chilisahne schlürfen.

MEIN TAUSCH-TIPP

Wenn ich es mal nicht scharf haben möchte, mische ich anstatt des Chilipulvers 1 Prise **Zimt** oder etwas geriebene unbehandelte **Orangenschale** unter die Sahne.

Tee oder Kaffee?

LATTE MACCHIATO
MIT TEE-VANILLE-SIRUP

Für den Sirup:
3 gehäufte TL Assam-Teeblätter
ca. 90 g Zucker
1/4 TL Vanillepulver

Für die Latte macchiato:
2 Espressi
400 ml Milch

Außerdem:
Milchaufschäumer
2 Latte-macchiato-Gläser

Für 2 Gläser | Zubereitung **20 Min.** | Pro Glas ca. **140 kcal, 7 g EW, 7 g F, 10 g KH**

1 Für den Sirup die Teeblätter mit 150 ml sprudelnd kochendem Wasser übergießen und 3 Min. ziehen lassen. Dann den Tee sofort abgießen, damit er nicht bitter wird, am besten in einen Messbecher. Denn nun kommt im Verhältnis 1:1 Zucker dazu (bei z. B. 90 ml Tee also 90 g Zucker). Beides zusammen in einem Töpfchen erhitzen, bis der Zucker sich vollständig aufgelöst hat. Das Vanillepulver einrühren und den Sirup in eine Flasche oder in ein Kännchen umfüllen (ergibt ca. 150 ml – das reicht für ca. 5 Gläser).

2 Für die Latte macchiato 2 Espressi zubereiten und 400 ml Milch erhitzen. Die Milch aufschäumen und auf die Gläser verteilen. Die Espressi jeweils vorsichtig auf die Milch schichten.

3 Auf jede Latte macchiato 2 EL Tee-Vanille-Sirup träufeln und sofort servieren.

MUSS ICH DEN SIRUP JEDES MAL FRISCH ZUBEREITEN?

Die Rezeptmenge ist bewusst zum Probieren klein gehalten. Wem der Sirup schmeckt, der verdreifacht einfach alle Zutatenmengen und gewinnt ca. 1/2 l Sirup für den Vorrat – hält einige Monate.

GINGER-COCOS-CAFFÈ

East meets West

1 walnussgroßes Stück frischer Ingwer
2 EL Kokoscreme (aus dem Asialaden)
400 ml Milch
4 TL Vanillezucker
2 Espressi

Außerdem:
Milchaufschäumer
2 Latte-macchiato-Gläser

Für 2 Gläser | Zubereitung **15 Min.** | Pro Glas ca. **220 kcal, 7 g EW, 12 g F, 21 g KH**

1 Den Ingwer schälen und ganz fein hacken. Die Kokoscreme in einem kleinen Topf erhitzen. Den Ingwer zugeben und 1 Min. anbraten. Die Milch und den Vanillezucker zugeben und erhitzen, dabei gelegentlich umrühren.

2 Die Espressi zubereiten. Die Ingwermilch mit dem Milchaufschäumer kräftig aufschäumen und auf die Gläser verteilen. Die Espressi auf die Milch schichten und sofort servieren.

MEIN TAUSCH-TIPP

Wenn ich mal keine frische Ingwerwurzel zu Hause habe, rühre ich ganz einfach pro Glas 1 EL **Ingwermarmelade** in die Milch und lasse dafür den Vanillezucker weg.

sommer-lich fruchtig

MANGO-LASSI
CON CAFFÈ

200 g Naturjoghurt ++ 10 EL Mangopulp (aus der Dose, Asialaden) ++ 4 TL Zucker ++ 2 Espressi ++ 100 g Sahne

Außerdem: Milchaufschäumer ++ 2 hohe Gläser (ca. 250 ml Inhalt)

Für 2 Gläser | Zubereitung **10 Min.** | Pro Glas ca. **285 kcal, 5 g EW, 20 g F, 22 g KH**

1 Den Joghurt, direkt aus dem Kühlschrank, mit 100 ml kaltem Wasser aufmixen. Mangopulp und Zucker hinzufügen und gleichmäßig untermixen. Das Mango-Lassi auf die Gläser verteilen.

2 Die Espressi zubereiten. Die Sahne mit dem Milchaufschäumer aufschlagen, so dass sie nicht ganz fest, sondern schön cremig wird.

3 Die Espressi jeweils zum Mango-Lassi geben und mit einem Esslöffel unterziehen. Jedes Glas mit einem Sahnehäubchen versehen und servieren.

KLASSIKER MAL ANDERS

mit feinem Häubchen

ESPRESSO
MIT KARAMELL

6 EL Sahne ++ 1 TL Himbeerkonfitüre (ohne Kerne und Stücke) ++ 2 Espressi ++ 2 harte Karamellbonbons

Außerdem: Milchaufschäumer ++ 2 Espressotassen

Für 2 Tassen | Zubereitung **10 Min.** | Pro Tasse ca. **145 kcal, 1 g EW, 11 g F, 12 g KH**

1 Die Sahne mit dem Milchaufschäumer aufschlagen – so wird die Sahne nicht ganz fest, sondern bleibt etwas cremiger. Die Himbeerkonfitüre locker unterziehen, es dürfen auch noch Streifen zu sehen sein.

2 Die Espressi zubereiten. Die Karamellbonbons im Mörser fein zerstoßen und auf die Espressotassen verteilen. Inzwischen dürften die Espressi fertig sein: Jeweils 1 Espresso in jede Tasse gießen und je ein Himbeersahnehäubchen daraufsetzen. Sofort servieren.

ESPRESSO SHAKERATO CON ROSA

2 doppelte Espressi ++ 6 TL Puderzucker ++ 2 EL Rosenwasser

Außerdem: 16 Eiswürfel ++ Shaker ++ 2 Glastassen (ca. 150 ml Inhalt)

Für 2 Personen | Zubereitung **10 Min.** | Pro Tasse ca. **75 kcal, 0 g EW, 0 g F, 10 g KH**

1 Die doppelten Espressi zubereiten. Jeweils die Hälfte der Eiswürfel mit 1 doppelten Espresso, 3 TL Puderzucker und 1 EL Rosenwasser in den Shaker geben. Den Shaker gut verschließen und mit beiden Händen ca. 15 Sek. kräftig schütteln, bis er von außen beschlagen ist.

2 Den Espresso ohne die Eiswürfel in eine Glastasse geben und den zweiten Espresso shakerato auf die gleiche Weise zubereiten. Sofort servieren.

MEIN ZUTATEN-TIPP

Rosenwasser gibt es im **Asienladen** oder dort, wo Sie orientalische Lebensmittel kaufen können. Beides nicht in der Nähe? Dann am besten in der **Apotheke** fragen.

bitter-sweet

CHOCOCCINO
MIT BAISERSTREUSELN

200 ml Milch
40 g Zartbitterschokolade
(mind. 70 % Kakaoanteil)
2 Espressi
4 Baisertropfen (Fertigprodukt)

Außerdem:
Milchaufschäumer
2 Cappuccinotassen

Für 2 Tassen | Zubereitung **10 Min.** | Pro Tasse ca. **225 kcal, 4 g EW, 11 g F, 14 g KH**

1 Die Milch bei mittlerer Hitze erwärmen und die Schokolade darin auflösen. Die Schokomilch mit dem Milchaufschäumer kräftig aufschäumen.

2 Die Espressi zubereiten und auf die Tassen verteilen. Die Schokomilch zugießen und mit einer Schokomilchhaube abschließen. Die Baisertropfen grob zerbröseln und auf die Schokohauben streuen. Sofort servieren.

MEIN VORRATS-TIPP

Baiser mache ich oft selber, denn hier und da bleibt immer mal ein Eiweiß übrig. Dazu schlage ich das Eiweiß zu sehr festem Schnee und gebe langsam pro Eiweiß 30 g Zucker dazu. Auf ein mit Backpapier ausgelegtes Blech setze ich mit 2 Teelöffeln walnussgroße Tupfen. Anschließend trocknen die Baisers bei 80° (Umluft ebenso) ungefähr 3 Std. im Backofen. Die Backofenklappe lasse ich einen Spalt offen, damit die Feuchtigkeit entweichen kann. Nach 3 Std. nehme ich testweise einen Baiser aus dem Backofen und lasse ihn abkühlen. Ist er trocken, kommen alle raus. Abkühlen lassen und in eine luftdichte Dose geben – so halten sie einige Wochen.

WEISSER COCOS-CAFFÈ

fast ganz in Weiß

400 ml Milch
2 Hände voll Espressobohnen
2 Rippen weiße Schokolade (ca. 33 g)
4 cl Kokossirup

Außerdem:
Milchaufschäumer
2 Latte-macchiato-Gläser

Für 2 Gläser | Zubereitung **10 Min.**
Ruhezeit **12 Std.** | Pro Glas ca. **275 kcal, 8 g EW, 12 g F, 33 g KH**

1 Die Milch mit den Espressobohnen einmal aufkochen, abkühlen und dann zugedeckt im Kühlschrank 12 Std. ziehen lassen.

2 Die Espressobohnen-Milch durch ein Sieb in einen Topf gießen, wieder erwärmen und die weiße Schokolade darin auflösen. Anschließend mit dem Milchaufschäumer kräftig aufschäumen und auf die Gläser verteilen. In jeden Caffè 2 cl Kokossirup geben und gleich servieren.

MEIN EXPRESS-TIPP

Wenn ich **schneller** zu meinem Caffè-Genuss kommen möchte, bereite ich eine ganz normale Latte macchiato aus 200 ml aufgeschäumter Milch und einem Espresso zu und gebe einfach den Kokossirup hinzu.

AMARETTO-KIRSCH-CAFFÈ

zum Schlürfen und Löffeln

150 g Sahne
2 EL Schokoraspel
4 cl Amaretto (ersatzweise Mandelsirup)
2 TL Zucker
2 Espressi
400 ml Milch
4 EL Kirschsirup

Außerdem:
2 Latte-macchiato-Gläser

Für 2 Gläser | Zubereitung **10 Min.** | Pro Glas ca. **565 kcal, 9 g EW, 34 g F, 47 g KH**

1 Die Sahne steif schlagen und die Schokoraspel unterziehen. Den Amaretto mit dem Zucker verrühren und leicht anwärmen. Die Espressi zubereiten. Die Milch auf mittlere Hitze erwärmen.

2 Die Milch auf die Gläser aufteilen. Jeden Espresso mit je der Hälfte der Amaretto-Zucker-Mischung verrühren und jeweils zur Milch geben. Als Abschluss die Schokosahne auf jedes Glas setzen, den Kirschsirup darüber träufeln und sofort servieren.

MEIN TAUSCH-TIPP

Weder Sahne noch Kirschsirup im Haus, dafür ein paar **Amarettini** (italienische Mandelplätzchen)? Dann einfach für 2 Gläser 10 Amarettini in einem Gefrierbeutel zerkrümeln. Die Milch erwärmen, kräftig aufschäumen und in Latte-macchiato-Gläser füllen. Espressi, Amaretto und Zucker wie oben beschrieben mischen und auf die Milch schichten. Amarettini-Krümel auf den Milchschaum streuen.

nicht nur im Sommer

EISKAFFEE MIT NUSS

120 g Sahne
2 Cookies mit Schokostückchen (je ca. 20 g)
2 doppelte Espressi
4 Kugeln Walnusseis
2 cl Walnusssirup
(ersatzweise Karamellsirup)

Außerdem:
Milchaufschäumer
2 Cappuccino-Tassen

Für 2 Tassen | Zubereitung **20 Min.** | Pro Tasse ca. **435 kcal, 5 g EW, 31 g F, 35 g KH**

1 Die Sahne mit dem Milchaufschäumer cremig aufschlagen. Die Cookies grob zerkrümeln. Das geht am besten in einem kleinen Gefrierbeutel: Die Kekse darin einfach mit dem Handballen zerdrücken.

2 Die doppelten Espressi zubereiten. In jede Tasse 2 Kugeln Walnusseis setzen. Jeweils 1 heißen doppelten Espresso über das Eis gießen und anschließend den Walnusssirup hinzufügen.

3 Auf jeden Eiskaffee eine Sahnehaube setzen, die Cookie-Brösel darüber streuen und sofort servieren. Wer mag, kann die Cookie-Brösel auch unter die Sahne mischen!

ESPRESSO
AM STÜCK

löffelweise gut

EISKALTER CAPPUCCINO

1 Ei ++ 25 g Puderzucker ++ 1 TL Vanillezucker ++ 200 g Sahne ++ 2 TL Instant-Espressopulver ++ 2–3 EL Schokoraspel

Außerdem: 2 Cappuccinotassen

Für 2 Personen | Zubereitung **30 Min.** | Gefrierzeit **mind. 3 Std.**
Pro Portion ca. **535 kcal, 7 g EW, 43 g F, 29 g KH**

---

1 Das Ei zusammen mit dem Puderzucker und dem Vanillezucker in einer Schüssel über einem heißen Wasserbad (also kein kochendes Wasser!) kräftig schlagen, bis eine dickschaumige Creme entsteht. Die Schüssel aus dem Wasserbad nehmen und die Eicreme unter gelegentlichem Schlagen auf Zimmertemperatur abkühlen.

2 Die Hälfte der Sahne steif schlagen. Das Espressopulver unter die Eimasse rühren. Die Sahne unterziehen. Die Creme in Cappuccinotassen füllen, mit Alufolie abdecken und für mind. 3 Std. ins Tiefkühlfach stellen.

3 Das Cappuccino-Semifreddo – so nennt man es in Italien – ca. 10 Min. vor dem Servieren aus dem Tiefkühlfach nehmen. Restliche Sahne steif schlagen, Schokoraspel unterziehen und als Haube daraufsetzen.

gekühlt am besten

ESPRESSO-TRÜFFEL
MIT AMARENAKIRSCHE

200 g Zartbitter-Kuvertüre
100 g Sahne
2 EL Zucker
2 TL Instant-Espressopulver (ersatzweise Instant-Kaffee)
ca. 20 Amarenakirschen (Glas)
2 EL ungesüßtes Kakaopulver
100 g weiche Butter

Für 20 Stück | Zubereitung **30 Min.** | Kühlzeit **4 Std.**
Pro Stück ca. **130 kcal, 1 g EW, 10 g F, 6 g KH**

1 Die Kuvertüre grob hacken. Die Sahne mit Zucker und Espressopulver aufkochen und rühren, bis sich der Zucker auflöst. Den Topf vom Herd nehmen und die Kuvertüre dazugeben. So lange rühren, bis die Kuvertüre vollständig aufgelöst und eine gleichmäßig glänzende Masse entstanden ist. Diese mind. 3 Std. kühl stellen.

2 Die Amarenakirschen sehr gut abtropfen lassen und anschließend trockentupfen. Das Kakaopulver in ein flaches Schälchen geben. Die Butter zur kalten Schokoladenmasse geben und mit einem Handrührgerät alles zu einer homogenen Masse aufschlagen.

3 Mit einem Teelöffel eine knapp walnussgroße Menge der Trüffelmasse abnehmen. 1 Kirsche hineindrücken und mit einem zweiten Teelöffel die Trüffelmasse über die Kirsche ziehen. Den Trüffel im Kakaopulver wälzen. Die übrigen Amarenakirschen auf die gleiche Weise in die Trüffelmasse hüllen und mit Kakaopulver überziehen. Die Trüffel mit etwas Abstand auf eine Platte geben und für ca. 1 Std. in den Kühlschrank stellen.

MEIN TAUSCH-TIPP

Manchmal verstecke ich auch anderes wie **Espressobohnen, Walnussstückchen, Schokoladenstücke** oder **Amarettini** in der Trüffelmasse. Und auch ohne Füllung sind die Trüffel wunderbar. Kühl schmecken sie am besten, deshalb immer im Kühlschrank aufbewahren, dann sind sie etwa 1 Woche haltbar.

ESPRESSO-MANDEL-KEKSE

frisch am besten

Für die Füllung:
80 ml Espresso (2–3 Tassen)
100 g Amarettini

Für den Teig:
200 g Mehl
30 g gehäutete gemahlene Mandeln
75 g Zucker | 1/2 TL Salz
1 Ei | 100 g kalte Butter

Außerdem:
kleiner Gefrierbeutel
Klarsichtfolie
runder Keksausstecher (5–6 cm Ø; wer keinen hat, nimmt ein Sektglas)

Für ca. 30 Stück | Zubereitung **40 Min.** | Backzeit **ca. 14 Min.**
Pro Stück ca. **80 kcal, 1 g EW, 4 g F, 7 g KH**

1 Für die Füllung den Espresso zubereiten und abkühlen lassen. Die Amarettini in den Gefrierbeutel geben und zerkrümeln. Die Brösel in einem Schüsselchen mit dem Espresso übergießen. Hin und wieder durchrühren.

2 Für den Teig Mehl, Mandeln, Zucker und Salz mischen. Das Ei in die Mitte geben und die Butter in kleinen Würfeln ebenfalls zugeben. Alles rasch zu einem glatten Teig verkneten.

3 Den Backofen auf 200° (Umluft 180°) vorheizen. Den Teig zwischen zwei Stücken Klarsichtfolie messerrückendick ausrollen, 5–6 cm große Kreise ausstechen. Jeweils etwas Füllung auf einen Teigkreis geben und einen zweiten darauflegen. Die Ränder rundherum sorgfältig zusammendrücken. Auf diese Weise den gesamten Teig und die Füllung aufbrauchen. Die Kekse auf ein Backblech legen und im Backofen (Mitte) ca. 14 Min. backen.

zum Dahin-schmelzen

ESPRESSO-FUDGE

100 g Zartbitter-Kuvertüre
50 g Butter
200 g Puderzucker
2 TL Instant-Espressopulver (ersatzweise Instant-Kaffee)
40 g Sahne
ca. 100 Espressobohnen

Außerdem:
kleine Auflaufform (ca. 20 x 20 cm)
etwas neutrales Öl für die Form

Für ca. 100 Stück | Zubereitung **25 Min.** | Kühlzeit **3 Std.**
Pro Stück ca. **18 kcal, 0 g EW, 1 g F, 2 g KH**

1 Die Kuvertüre grob hacken und in einem Topf zusammen mit der Butter unter Rühren bei schwacher Hitze schmelzen. Den Topf vom Herd nehmen. Den Puderzucker hineinsieben, das Espressopulver und die Sahne zufügen. Nun alles sorgfältig miteinander verrühren.

2 Die Auflaufform mit etwas Öl gleichmäßig ausfetten und die Fudge-Masse hineingießen. Mit einem spitzen Messer an der Oberfläche 10 x 10 Stücke einritzen. Auf jedes Fudge-Stück 1 Espressobohne mit dem Schlitz nach oben legen und etwas eindrücken. Das Fudge für mindestens 3 Std. in den Kühlschrank stellen.

3 Das Fudge an den vorgeritzten Linien durchschneiden. Die Stücke zwischen Lagen von Backpapier legen und im Kühlschrank aufbewahren.

WOHER KOMMT DENN DAS REZEPT?

Fudge (gesprochen »fadsch«) ist ursprünglich eine englische Spezialität.

die Füllung machts

ESPRESSO-ZIGARREN

50 ml Espresso
50 g Zartbitter-Kuvertüre
25 g Butter
1 Ei
30 g Zucker
200 g gemahlene Mandeln
8 Yufka-Teigblätter (aus dem türkischen Laden, 1/6-Stücke von runden Teigfladen)

Außerdem:
30 g Butter zum Bestreichen
Puderzucker zum Bestäuben

Für 16 Stück | Zubereitung **20 Min.** | Backzeit **25 Min.**
Pro Stück ca. **140 kcal, 3 g EW, 11 g F, 6 g KH**

1 Den Espresso zubereiten und abkühlen lassen. Inzwischen die Kuvertüre grob hacken und zusammen mit der Butter bei schwacher Hitze unter gelegentlichem Rühren schmelzen. Kuvertüre und Butter sorgfältig verrühren.

2 Das Ei mit dem Zucker schaumig aufschlagen. Erst die Kuvertüre-Butter-Mischung und den abgekühlten Espresso, anschließend die Mandeln unterrühren. Den Backofen auf 180° (Umluft 160°) vorheizen.

3 Die Butter zum Bestreichen schmelzen. Die Yufka-Teigblätter jeweils einmal längs halbieren. Auf das breite Ende jedes Teigblattes einen guten Teelöffel Füllung geben. Die Längsseite des Teigblatts etwas über die Füllung schlagen und dann die Seitenränder ein bisschen einschlagen. Aufrollen und auf ein Backblech legen. Auf diese Weise 16 »Zigarren« herstellen und großzügig mit Butter bestreichen.

4 Im Backofen (Mitte) 25 Min. backen, dabei nach 15 Min. einmal wenden. Die fertigen Espresso-Zigarren mit Puderzucker bestäuben und auskühlen lassen. Am besten schmecken sie ganz frisch!

ESPRESSO-TORTE

Kaffeegenuss zum Gabeln

1 dunkler Wiener Boden (Fertigprodukt)
6 EL Portwein

Für die Creme:
300 ml Espresso (10–12 Tassen)
1 Päckchen Schokoladenpuddingpulver zum Kochen
200 g Sahne
100 g Zucker
200 g weiche Butter

Außerdem:
4 EL Schokoladenraspel

Für 12 Stücke | Zubereitung **1 Std.** | Kühlzeit **ca. 1 Std. 30 Min.**
Pro Stück ca. **360 kcal, 4 g EW, 23 g F, 33 g KH**

1 Die mittlere Biskuitlage des Wiener Bodens in ca. 1 x 1 cm große Würfel schneiden. Die Würfel in eine Schüssel geben und mit dem Portwein beträufeln.

2 Für die Creme den Espresso zubereiten. Das Puddingpulver mit der Sahne anrühren. Den Espresso mit dem Zucker aufkochen, vom Herd nehmen und das angerührte Puddingpulver zügig einrühren. Den Topf wieder auf den Herd stellen und den Pudding 1 Min. kochen. Vom Herd nehmen und den Pudding unter gelegentlichem Rühren auskühlen lassen. Wenn es schneller gehen soll, einfach ins kalte Wasserbad stellen und rühren.

3 Die Butter schaumig rühren und den Pudding esslöffelweise unterrühren. Unter die Hälfte der Creme die Biskuitwürfel heben und anschließend auf den unteren Biskuitboden streichen. Den letzten Biskuitboden auflegen und etwas andrücken. Die Torte rundherum mit der restlichen Creme bestreichen und mit Schokoraspeln bestreuen. Die Espresso-Torte vor dem Servieren mindestens 1 Std. kühl stellen.

MEIN TAUSCH-TIPP

Habe ich mal keinen Portwein zu Hause, nehme ich stattdessen gerne **Rum**. Wenn ich die Torte ohne Alkohol zubereiten möchte, tränke ich die Biskuitwürfel mit **Espresso** oder **Cocos-Sirup**. Für eine »geistig anspruchsvollere« Torte können Sie die Böden zusätzlich jeweils mit 2 EL **Portwein** oder **Rum** tränken.

Die Autorin

Stefanie Poziombka verbindet als Oecotrophologin und Redakteurin beim GRÄFE UND UNZER VERLAG die Ernährungswissenschaft wunderbar mit dem Anspruch auf Genuss. Nach Themen rund ums Backen stellt sie in ihrem vorliegenden Buch frische Espresso-Ideen vor.

Der Fotograf

Klaus-Maria Einwanger ist selbstständiger Fotograf in Rosenheim. Vor Ort und im Ausland arbeitet er für Zeitschriften, Buchverlage und Werbeagenturen. Kreativ setzt er dabei Food-Spezialitäten aus aller Welt perfekt ins Bild. **Sven Dittmann** (Styling) unterstützte ihn tatkräftig bei diesem Projekt.

Die Temperaturangaben bei Gasherden variieren von Hersteller zu Hersteller. Welche Stufe Ihres Herdes der jeweils angegebenen Temperatur entspricht, entnehmen Sie bitte der Gebrauchsanweisung. Bei Elektroherden können die Backzeiten je nach Herd variieren.

Programmleitung: Doris Birk
Leitende Redakteurin: Stephanie Wenzel
Redaktion: Ruth Wiebusch
Lektorat: Margit Proebst
Korrektorat: Stefanie Doll
Layout, Typographie und Umschlaggestaltung: Lucie Schmid, independent Medien-Design, München
Illustrationen Seite 4, 48 und U3: Betti Trummer, Karlsruhe
Satz: Filmsatz Schröter, München
Herstellung: Gloria Pall
Reproduktion: Penta Repro, München
Druck und Bindung: Druckhaus Kaufmann, Lahr

ISBN 978-3-8338-0661-2

1. Auflage 2007

GRÄFE UND UNZER

Ein Unternehmen der GANSKE VERLAGSGRUPPE

DAS ORIGINAL MIT GARANTIE

Ihre Meinung ist uns wichtig. Deshalb möchten wir Ihre Kritik, aber auch Ihr Lob erfahren, um als führender Ratgeberverlag noch besser zu werden. Darum schreiben Sie uns! Wir freuen uns auf Ihre Post und wünschen Ihnen viel Spaß mit Ihrem GU-Ratgeber.

Unsere Garantie: Sollte ein GU-Ratgeber einmal einen Fehler enthalten, schicken Sie uns das Buch mit einem kleinen Hinweis und der Quittung innerhalb von sechs Monaten nach dem Kauf zurück. Wir tauschen Ihnen den GU-Ratgeber gegen einen anderen zum selben oder ähnlichen Thema um.

GRÄFE UND UNZER VERLAG

Redaktion Kochen & Verwöhnen

Postfach 86 03 13
81630 München
Fax: 0 89/4 19 81-113

oder schreiben Sie uns eine E-Mail:
leserservice@graefe-und-unzer.de

100 JAHRE GANSKE VERLAGSGRUPPE

GU Just Cooking

Die brandneuen »Klein, aber oho!«-Kochbücher

Preis je Band: 4,90 € [D]

ISBN 978-3-8338-0662-9
48 Seiten

ISBN 978-3-8338-0660-5
48 Seiten

ISBN 978-3-8338-0668-1
48 Seiten

Das macht sie so besonders:

Einfach einsteigen – mit ein, zwei Happen Küchenpraxis

Einfach loskochen – mit gelingsicheren Rezepten

Einfach gut essen – und voll im Trend genießen

G|U

Willkommen im Leben.

ÜBER DEN TELLERRAND

 **1 Sozialbeitrag auf Neapolitanisch** Wenn Sie in Neapel einen »Caffè sospeso« bestellen, wundern Sie sich nicht, dass Ihnen ein ganz normaler Espresso serviert wird, der aber doppelt so teuer ist. Sie haben gerade nämlich einen »Aufgehobenen« geordert und damit eine lange Tradition Neapels fortgesetzt. Denn ist ein Geschäft gut gelungen oder einfach nur ein schöner Tag, spendiert der wohlhabende Neapolitaner einen »Sospeso« für weniger Betuchte. Fragt ein Armer später beim Wirt danach, bekommt er den Caffè umsonst.  **2 Schwarz und Braun** Nach Erdöl ist Kaffee der zweitwichtigste Rohstoff der Welt. Die Gewinnung ist allerdings wesentlich mühsamer: Ein Kaffeebauer muss ungefähr 100 Kaffeebäume abernten, um einen 60-Kilo-Sack mit Bohnen zu füllen.  **3 Mangelware** Bis 1950 war Kaffee in Deutschland knapp bemessen. Darum gab es Ersatzkaffee, der aus Getreide, Zichorie, Eicheln, Kastanien und manchmal auch noch Mohrrüben, Kartoffeln und Roten Beten bestand.  **4 Finanzen** Friedrich der Große füllte seine leeren Kassen durch das Monopol der staatlichen Kaffee-